*Para desarrollar todo tu potencial,
lo único que necesitas es ser tú mismo
y ser imparable.*

NO DEJES QUE NADIE TE LIMITE (NI SIQUIERA TÚ)

En el camino hacia el liderazgo y el éxito personal, a menudo nos encontramos con una pregunta crucial: ¿qué nos aleja de lo que realmente queremos? ¿Qué es lo que nos detiene en la búsqueda de nuestros sueños y el desarrollo de nuestro máximo potencial? Todos enfrentamos limitaciones, ya sea impuestas por otros o por nosotros mismos, pero ¿y si te dijera que el mayor obstáculo que enfrentas podría ser tu propia autolimitación?

La verdad es que tu potencial no es algo fijo; es un recurso que puede expandirse o contraerse dependiendo de cómo te veas a ti mismo. Muchas veces, somos nosotros quienes nos detenemos, a menudo sin darnos cuenta. Es fundamental abrirnos a las posibilidades que existen en nuestro interior y dejar de lado las cadenas que nosotros mismos hemos forjado.

Para convertirte en un líder imparable, **el primer paso es la autoconciencia.** Conocerte a ti mismo es un acto poderoso que te permite tomar decisiones informadas, evaluar oportunidades y establecer conexiones más fuertes con quienes te rodean. Este conocimiento no solo maximiza tus fortalezas, sino que también te ayuda a manejar tus debilidades, ampliando así tu capacidad para actuar y tener éxito.

El segundo paso es enfocarte en tus fortalezas. En lugar de desgastarte tratando de mejorar lo que no se te da bien, dirígete hacia la excelencia en lo que ya haces bien. Este enfoque no solo te llevará al éxito, sino que también te brindará una satisfacción personal que es vital en el liderazgo.

Finalmente, atreverte a expandir tus propios límites es esencial. La historia de Henry Ford es un poderoso recordatorio de que, para alcanzar nuestro verdadero potencial, debemos estar dispuestos a derribar las barreras que nos detienen. Si deseas que tu potencial brille en el mundo, no puedes quedarte encerrado en un espacio limitado.

Así que, toma un momento para reflexionar: ¿qué limitaciones estás dispuesto a desafiar? ¡El mundo está esperando que te conviertas en la mejor versión de ti mismo! Quita tus limitaciones y deja que el mundo se te abra.

Tu potencial no es algo fijo. Tus limitaciones no te detienen tanto como crees. El principal motivo por el que no eres imparable puede que sea porque tú mismo te detienes. Necesitas abrirte a las posibilidades que están dentro de ti. **No limites tu propia capacidad.**

/ /

¡No limites tu propia capacidad!

El primer paso para ser imparable es la conciencia de uno mismo. Conocerte a ti mismo es poderoso. Te deja verte con claridad, forma tus decisiones y te ayuda a evaluar las oportunidades. Además, te permite poner a prueba tus límites, te da el poder para entender a los demás y hace que las alianzas con otros sean más fuertes. Por último, te permite maximizar tus fortalezas y minimizar tus debilidades. Esto abre la puerta para que tu capacidad sea mayor.

/ /

«Conócete a ti mismo».

—Sócrates

El segundo paso es enfocarte en tus fortalezas. Tal vez, esto ya lo sepas. Cuando te enfocas en mejorar tus debilidades, lo mejor que puedes hacer es trabajar para llegar a un nivel promedio. Nadie es imparable cuando trabaja con sus debilidades. El éxito se da cuando haces las cosas con excelencia y esta aparece cuando trabajas con tus fortalezas. Todo lo que hagas bien, intenta hacerlo mejor. **Ese es el mejor camino para avanzar y aumentar tu capacidad.**

/ /

«Creo que el autoconocimiento es la característica que más escasea en un ser humano».

—Elizabeth Edwards

El tercer paso es atreverte a expandir tus propios límites.

Intentar mejorar tu vida y aprovechar tu potencial para el éxito sin extender tus límites es como construir un auto en un pequeño cobertizo y no romper una pared para llevarlo a la calle. Si lo dejas encerrado, tu potencial no puede ir a ningún lado.

Elimina tus limitaciones y el mundo se te abrirá.

/ /

«Pasamos gran parte de nuestros veintes descubriendo los cientos de cosas que podemos ser. Sin embargo, a medida que maduramos y llegamos a nuestros treintas, comenzamos a descubrir todas las cosas que nunca seremos. Nuestro desafío, a medida que alcanzamos los cuarentas, y más adelante también, es combinarlo todo: Conocer nuestras capacidades y reconocer nuestras limitaciones para llegar a ser nuestra mejor versión».

—Catherine B. Ahles

¿Qué te impide hacer lo que quieres? Muchas personas culpan a la falta de tiempo. Pero la verdad es que ¡No puedes cambiar el tiempo! La cantidad de minutos en un día, de días en una semana y de semanas en un mes es inalterable. Incluso tu tiempo aquí en la Tierra también está establecido. Nuestros días están contados.

/ /

«La principal medida de nuestra vida no es cuánto tiempo pasamos en el planeta, sino cuánta energía invertimos en el tiempo que tenemos... La conducta, la salud y la felicidad dependen de la habilidad para administrar la energía... La cantidad de horas al día no se puede cambiar, pero la cantidad y la calidad de energía disponible para nosotros sí».

—Jim Loehr y Tony Schwartz

Tu mayor fuente de energía. Las personas que alcanzan su potencial para el éxito no se sientan a esperar que las cosas sucedan. Salen y hacen que sucedan. Para eso hace falta energía. ¿De dónde la obtienen?

/ /

Si quieres hacer más cosas y tener un impacto mayor en el mundo, aumenta la capacidad de tu energía y úsala con sabiduría.

Una de las mejores fuentes de energía es conocer tu propósito y concentrar tus esfuerzos en él. Si ... eso que TIENES que hacer, eso para lo que NACISTE, eso que te ALEGRA hacer y eso que haces BIEN ... se alinean, siempre tendrás energía.

/ /

«Cuando tu batería está bien cargada haces más cosas, interactúas mejor, tu mente está afilada y tu cuerpo es fuerte. En esos días en que tu batería está bien cargada, experimentas niveles más altos de compromiso y bienestar. Esta energía se transmite y crea un ciclo ascendente para aquellos que te importan».

—Tom Rath

¿Qué te desgasta? ¿Qué es lo que agota tu energía? Piensa en esto. ¿Creciste creyendo que puedes lograr cualquier cosa siempre y cuando lo intentes con todas tus fuerzas? Esto no es verdad. Tu potencial no tiene límites, pero debes reconoce las áreas en las que no tienes talento.

/ /

«En cuestiones de estilo, nada con la corriente; en cuestiones de principios, mantente firme como una roca».

—Proverbio antiguo

No gastes tu vida intentando ser lo que no eres. Desarrolla tus fortalezas naturales. No vayas contra corriente. Si tienes una responsabilidad, cúmplela. Fuera de eso, evita lo que te desgasta. Mantente con tus fortalezas y llegarás lejos.

/ /

«Cuando los líderes aprenden a reconocer qué tipos de eventos desencadenan sus emociones negativas, logran tener más capacidad para controlar sus reacciones».

—Tony Schwartz y Catherine McCarthy

No importa cuánto tiempo utilices tus fortalezas y evites trabajar en lo que eres débil, aun así, te cansarás. **Debes saber bien qué es lo que recarga tu batería emocional, mental y física: el tiempo a solas o con otras personas.** Incluso aunque seas una persona sociable, necesitas prestar atención a quienes te dan energía y quienes te la quitan.

«Tu bienestar se ve más afectado por las personas que ves todos los días, las que viven a pocas cuadras de tu casa y las que viven a unas pocas millas, que por las conexiones distantes».

—Tom Rath

Identifica ese momento en el que necesitas recargar tu energía. Todos los días hay momentos en los que no necesitas estar tan alerta; puedes funcionar casi en piloto automático. Sin embargo, hay otros momentos en los que necesitas rendir al máximo.

/ /

Identificar ese momento y planificar con anticipación es fundamental para tener éxito.

Nadie puede mantener la energía al máximo a cada segundo del día. Por eso, necesitas saber cuándo debes ahorrar la tuya. Mira tu calendario y determina cuál es el momento (o los momentos) de actuar en cada día de tu vida.

Si utilizas tu energía cuando la necesitas y la ahorras cuando no, puedes desarrollar una energía imparable.

Crea reservas. No importa lo bien que planifiques todo, a veces en la vida suceden cosas y necesitas hacer lugar para ellas.

«Es sumamente importante no estar ocupado todo el tiempo, ni tener los días y las semanas organizadas por completo. Es indispensable dejar espacios e intervalos para acciones espontáneas, porque muchas veces es en lo espontáneo y en la sorpresa que nos abrimos a las oportunidades ilimitadas y cuando llega a nuestras vidas la novedad».

—Jean Hersey

Nunca supongas que tu nivel de energía es algo inalterable. Puedes administrarlo. Puedes aumentarlo. Puedes hacer más de lo que antes creías que podías. Sueña en grande.

/ /

«No podrás encontrar ninguna pasión si te conformas con una vida que es más pequeña de la que eres capaz de vivir».

—Nelson Mandela

¿Tienes fortaleza emocional? La respuesta depende de cómo manejes la adversidad. ¿Puedes lidiar con el fracaso, la crítica, el cambio y la presión de una manera positiva? ¿Te recuperas de un contratiempo con facilidad?

Si es así, entonces tienes una ventaja. Sigue mejorando. Si la respuesta es no, no te desanimes, porque puedes mejorar tu fortaleza emocional.

/ /

La fortaleza emocional es una habilidad que todos pueden aprender.

La clave para la fortaleza emocional. Si tuvieras que reducir la fortaleza emocional en una sola palabra, ¿cuál sería? **Resiliencia.**

«Resistirse al cambio es la naturaleza humana, en particular cuando viene como adversidad o de desafío. Sin embargo, el cambio es inevitable y desarrollar la cualidad de la resiliencia no solo nos ayuda a sobrevivir al cambio, sino también a aprender, a crecer y a progresar. La resiliencia es la capacidad de lidiar con el estrés y la adversidad. Surge cuando crees en ti y, al mismo tiempo, en algo mayor que tú. La resiliencia no es una característica con las que las personas nacen, sino que son comportamientos, pensamientos y acciones que se pueden aprender y desarrollar en cualquier persona».

—Lolly Daskal

Las personas resilientes pueden soportar tormentas y recuperarse de la adversidad. ¿Por qué? Porque no esperan resultados inmediatos ni triunfos instantáneos. Recuerda que estás en esta vida a largo plazo. Por lo tanto, vas a atravesar dificultades. Utiliza tu energía para darte ánimo y seguir avanzando con fortaleza.

/ /

«Sin resiliencia, el primer fracaso también es el último; porque es definitivo».

—Eric Greitens

Comienza en blanco. Algo que puedes hacer para desarrollar fortaleza emocional es empezar de cero cada día. Regálate una pizarra en blanco para un nuevo comienzo emocional. No te aferres a viejos equipajes emocionales ni los cargues durante días. **Deja que hoy sea un nuevo día.**

/ /

«Borra la pizarra de tus logros y permítete ser un principiante otra vez».

—James Fayal, inspirado por Steve Jobs

No dejes que los altibajos controlen tu vida. Cada día tiene la promesa de una victoria que puede hacerte celebrar. Cada día también tiene el potencial para que suceda algo negativo que amenace con derribarte emocionalmente. Para tener éxito, no permitas que lo más positivo o lo más negativo te impida tener un ritmo constante.

«Más vale el dominio propio que conquistar ciudades».

—Proverbios 16:32

No debes permitir que los malos momentos te hundan demasiado, porque pueden desanimarte. **Tampoco debes permitir que los buenos momentos te eleven demasiado,** porque podrían volverte autocomplaciente, hacerte pensar que tienes privilegios especiales, perder perspectiva y dejar de esforzarte.

/ /

«Si me siento deprimido, cantaré. Si me siento triste, reiré. Si me siento enfermo, duplicaré mis labores.
Si siento miedo, avanzaré sin dudar.
Si me siento inferior, vestiré trajes nuevos.
Si siento inseguridad, alzaré mi voz.
Si me siento pobre, pensaré en las riquezas que vendrán.
Si me siento incompetente, recordaré los éxitos pasados.
Si me siento insignificante, recordaré mis objetivos.
Hoy seré el dueño de mis emociones».

—Og Mandino

Cuando tengas un logro, celebra, pero no por más de veinticuatro horas. Después de eso, vuelve a trabajar. El éxito de ayer no te dará el éxito de mañana. **Cuando fracases,** permítete sentir decepción. Evalúa lo que salió mal y aprende de ello, pero después de veinticuatro horas, vuelve a trabajar. El fracaso de ayer no te define ni te impide alcanzar el éxito de mañana.

No desperdicies energía en cosas que no puedes controlar. Controlar lo que puedes y no desperdiciar energía en lo que no puedes es una de las lecciones más importantes que debes aprender en la vida. No merece la pena usar energía emocional si te atoras en el tránsito, si pierdes tu equipaje o si te ves en medio de una tormenta. Estas y muchas otras situaciones están fuera de tu control. En vez de eso, concéntrate en lo que puedes controlar. **Tu actitud. Tus decisiones. Tus prioridades. Tu pasión. Tu crecimiento. Tus acciones.**

/ /

«Debes entender la diferencia entre un hecho de la vida y un problema. Un hecho de la vida es algo que no puedes controlar ni reparar. Un problema es algo que puedes arreglar».

—Fred Smith

Aprende de tus errores (1). Se dice que la definición de insensatez es hacer siempre lo mismo esperando resultados diferentes. Si esperas tener resultados diferentes, pero nunca cambias tus acciones, sufrirás un desgaste emocional.

Cuando no logras los resultados que quieres, pregúntate por qué. Las personas exitosas cometen cantidad de errores, pero se toman el tiempo para aprender de ellos.

Aprende de tus errores (2). La próxima vez que no logres algo, no lo dejes pasar. Examínalo. Revísalo. Reflexiona. Aprende de eso. Cambia tus acciones a partir de lo que aprendes y actúa de forma diferente. Esto te ayudará a motivarte para progresar, no importa lo pequeña que sea la enseñanza.

«Ningún hombre puede generar cosas grandes si no es totalmente sincero cuando se examina a sí mismo».

—James Russel Lowell

No dejes que otros controlen tus relaciones. Sé consciente de la forma en que tus relaciones te impactan emocionalmente. Las personas con fortaleza emocional honran sus relaciones. Cumplen con sus responsabilidades como hijos, padres, esposos, amigos o vecinos. Al mismo tiempo, se cuidan de no dejar que otros los controlen. Ama a los demás. Muéstrate tal como eres. Haz lo correcto. No dejes que nadie intente convertirte en alguien que no eres.

/ /

- [ ]
- [ ]
- [ ]

«Lo más fácil del mundo es ser tú. Lo más difícil es ser lo que otros quieren que seas. No dejes que te pongan en ese lugar».

—Leo Buscaglia

Si te resulta difícil ver tus posibilidades, inspírate en otras personas a las que no les suceda esto. No te conformes con lo que debería ser; cree en algo mejor.

/ /

○

○

○

«Ten cuidado con quienes se mantienen alejados y reciben cada aventura con reprobación; el mundo se detendría si todo fuese dirigido por quienes dicen: "No es posible"».

—Autor desconocido

¡Recupérate! Cada semana de tu vida, sorpresas inesperadas van a golpearte. Cuando te tumban lo mejor que puedes hacer es levantarte y continuar. Al ponerte en acción, puedes salir del pozo en el que te encuentras. Anhelar, desear, negar, llorar, maldecir, preocuparte, quejarte, culpar y aguardar solo te mantienen dentro del pozo. **La decisión siempre es tuya. Debes trabajar de forma constante en el dominio de tus emociones o ellas te dominarán a ti.**

/ /

«Nada limita tanto al éxito como el pensamiento limitado; nada aumenta tanto las posibilidades como la imaginación sin límites».

—William Arthur Ward

Conviértete en un pensador imparable. Para ser un pensador imparable, necesitas ser un observador. Necesitas convertirte en un minero de ideas y estar dispuesto a pensar en grande.

/ /

«Hoy estás donde te han traído tus ideas; mañana estarás donde tus ideas te lleven».

—James Allen

Para ser un pensador imparable, necesitas convertirte en un minero de ideas y estar dispuesto a pensar en grande.

/ /

«Hoy estás donde te han traído tus ideas; mañana estarás donde tus ideas te lleven».

—James Allen

Evalúa tus ideas. ¿Cómo saber si una buena idea es, en verdad, una *buena* idea? Porque dura más de veinticuatro horas. Pregúntate: ¿Mi idea sigue diciéndome algo? ¿Esa idea comunicará algo a los demás también? ¿Cómo, dónde y cuándo puedo utilizarla? ¿A quién puede ayudar esta idea?

/ /

Si no puedes responder positivamente a estas preguntas, es probable que no valga la pena perseguirla; al menos, no como está formulada ahora.

Registra tus ideas. La mayoría de las personas que tienen buenas ideas nunca las implementan. ¿Por qué? Porque no las escriben. Plasmar tus ideas en palabras hace tres cosas: Te ayuda a recordar, te ayuda a pensarlas con más claridad, y te ayuda a mantener un registro de ideas.

/ /

«Aprender a escribir es aprender a pensar. No sabes nada con claridad a menos que puedas manifestarlo por escrito».

—S. I. Hayakawa

Eleva el estándar. No hay una sola idea que comience siendo tan buena como podría ser. Cada idea que concibes puede llevarse a otro nivel. Una vez que has determinado que vale la pena ir tras la idea, vuelve a pensar en ella. ¿Cómo puedes mejorarla? ¿Cómo puedes conectarla? ¿Cómo puedes aprovecharla al máximo? ¿Cómo puedes compartirla? **Las ideas bien desarrolladas siempre son más fuertes que las ideas brillantes.**

/ /

«Una buena idea es una mala idea puesta de cabeza».

—Linda Kaplan Thaler

Comparte tus pensamientos. Para poder sacar mejor partido de una idea, necesitas hacer más que solo pensar en ella. Necesitas compartirla con otros buenos pensadores y hablar de ella. Hablar expresa tu corazón, pone a prueba tu idea, amplía tu idea e invita a los demás a hacer aportes.

La mejor experiencia del pensamiento compartido sucede cuando colocas una buena idea sobre la mesa con un pequeño grupo de buenos pensadores. Ellos siempre mejorarán tus ideas.

Apodérate de tus ideas. Cuando pasas de *creer* en una idea a *apoderarte* de ella, sucede algo poderoso. *Creer* en una idea es como invertir en un proyecto con el dinero de otra persona. Le das una oportunidad y esperas que funcione. Apoderarte de una idea es como poner tu propio dinero en la inversión. Te dispones a hacer lo necesario para que funcione. Cuanto más grande sea la inversión, más te comprometerás a llevarla a cabo.

/ /

«Una idea puede convertirse en polvo o en magia, dependiendo del talento con el que se cruce».

—William Bernbach

Cultiva una creatividad imparable. Si te consideras una persona creativa, es probable que trabajes en tu camino creativo cada día de tu vida. Si no te consideras un apersona creativa es, incluso, más importante que cultives tu creatividad.

/ /

Las personas con confianza creativa toman mejores decisiones.

Las personas con confianza creativa, además de tomar mejores decisiones, exploran nuevos caminos con más facilidad y son mejores para encontrar soluciones a problemas que parecen difíciles de resolver. Además, siempre ven nuevas posibilidades y colaboran con otros de forma efectiva para mejorar las situaciones que los rodean. La persona que cultiva una creatividad imparable descubre una valentía nueva para afrontar grandes desafíos.

/ /

«La creatividad no es un talento, es una forma de proceder».

—John Cleese

No te preocupes si no te consideras una persona. No tienes que ser artista o inventor para serlo. Solo necesitas abrirte a una mayor creatividad o aprovechar la que tenías cuando eras más joven. Puedes reavivar la creatividad que está en ti, cultivar nuevos caminos de creatividad o desatar nuevas posibilidades en ti.

/ /

«Todos los niños son artistas; es una denuncia a nuestra cultura que tantos pierdan su creatividad y su imaginación, sin límites, cuando crecen».

—Madeleine L'Engle

Una forma fantástica de cultivar la creatividad es reunir ideas y citas. Cuando configuras tu mente para identificar y registrar grandes ideas mientras lees un libro, escuchas un pódcast o miras una película, aumentas tu nivel de conciencia. Cuando te motivas a categorizar esa idea, haces conexiones. Cuando piensas cómo o dónde puedes utilizarla, haces aún más conexiones. Si lo haces todo el tiempo, entrenarás tu mente para pensar de formas nuevas y comenzarás a pensar de maneras más estratégicas y creativas.

/ /

«Llena tu cabeza con cosas diferentes de distintos campos».

—Ray Bradbury

Conecta lo desconectado. Tu mayor avance creativo sucederá cuando descubras que la creatividad, en realidad, es poder conectar cosas que no parecen ir juntas de forma natural.

/ /

«Creatividad solo es conectar cosas».

—Steve Jobs

Las personas que se resisten a la creatividad muchas veces tienen una idea equivocada de ella. Ven la creatividad como algo desorganizado, aleatorio o indisciplinado, pero no tiene por qué ser así. **No tienes que esperar a una musa para despertar tu creatividad.** De hecho, quienes ejercen la creatividad no la esperan, la programan.

/ /

«Solo escribo cuando la inspiración se enciende. Afortunadamente, se enciende todas las mañanas a las 9:00 a.m. en punto».

—Atribuida a William Faulkner

Encuentra un lugar en el que **creas** que puedes encender tu creatividad. Luego programa un momento para estar allí y hazlo. Incluso si no sientes ninguna inspiración, solo con estar allí, puedes llegar a inspirarte. **La disciplina de la disposición a crear te dará la oportunidad de hacerlo.** Con el tiempo, desarrollarás ese **hábito.**

Que unas de tus palabras favoritas sean «Por qué». Que una de tus frases favoritas sea «Qué pasa si». Que una de tus preguntas favoritas sea «¿Cómo podemos llevar esto a otro nivel?».

Cree que siempre hay una respuesta. La creatividad es una forma de pensar. Debes creer que esas respuestas y soluciones existen, solo si estás dispuesto a buscarlas y a seguir insistiendo.

/ /

«Soy optimista por naturaleza, a veces me han dicho: "Jeff, te estás engañando a ti mismo; el problema no tiene solución", pero yo no lo creo. Solo toma mucho tiempo, paciencia y experimentación».

—Jeff Bezos

Cree que hay más de una respuesta. Una vez has hecho el cambio de «¿hay una respuesta?» a «¿cuál es la respuesta?», podrás dar *otro* salto creativo, que es comenzar a creer que siempre hay *más de una respuesta.* **Ese es el cambio creativo, pasar de creer que no hay ninguna opción a encontrar una y luego muchas.**

/ /

Cuando cambias al modo creativo, comienzas a pensar de forma más amplia y a buscar todas las respuestas posibles. Al ser flexible y demostrar la capacidad de adaptación a situaciones variables con muchas opciones, serás una persona más efectiva y productiva.

Cree que todo y todos pueden mejorar. Las personas creativas, ya sean artistas, inventores, empresarios o maestros siempre creen que hay formas mejores de hacer las cosas.

/ /

Cuando crees que todo y todos pueden mejorar, adquieres confianza en que puedes ayudar a las personas y hacer la diferencia. Eso te inspira a seguir buscando formas de resolver problemas e ir detrás de las posibilidades.

Olvida las ideas viejas y abraza las nuevas. Si ya eres una persona exitosa, una de las cosas más importantes que debes hacer siempre es estar dispuesto a decir que el pensamiento de ayer es aburrido, anticuado o totalmente incorrecto. **Creatividad, por naturaleza, es abrazar algo nuevo.**

/ /

«Pensar nuevas ideas es fácil; lo más difícil es deshacerse de lo que funcionó hace dos años, pero pronto quedará obsoleto».

—Roger von Oech

Cuando la mayoría de las personas han trabajado arduamente en algo, suele resultarles difícil dejarlo ir. La creatividad nos obliga a soltar lo viejo para tomar lo nuevo. **¿Cuándo fue la última vez que le dijiste adiós a algo que solía ser especial pero que hoy ya no funciona?**

«¡No limites tus expectativas! Lo que hoy defines como imposible solo lo es en el contexto de los paradigmas del presente ... William Wordsworth ... dijo: “Somos más grandes de lo que creemos”. Eso es cierto para todos, como individuos, como instituciones y como sociedad. Solo podemos suponer cuál es nuestro verdadero potencial y solo podemos alcanzarlo si superamos los paradigmas y le damos rienda suelta a nuestra imaginación».

—Monte Haymon

Colabora. Una de las mayores barreras de la creatividad es esconder ideas en lugar de compartirlas. Es probable que la colaboración sea el mayor estímulo para la creatividad. **La colaboración es un gran riesgo, pero su recompensa es más grande.** Cuanto antes tengas la perspectiva de los demás sobre lo que piensas, más cerca estarás de descubrir mejores ideas y respuestas.

«Ninguno es tan listo como todos juntos».

—Ken Blanchard

Cuando trabajes para llevar las ideas a otro nivel, utiliza esta fórmula de las tres «E» para la creatividad colaborativa:

Exposición de una idea a las personas adecuadas, + **Expresión** de sus diferentes perspectivas, = **Expansión** de esa idea más allá de tu capacidad.

Ponerla en práctica, no solo aumentará tu creatividad, también inspirarás a las personas que trabajan para ti a que liberen la suya.

/ /

«El factor más importante para determinar si los empleados serán o no creativos es que sientan que tienen permiso para serlo».

—David Hills

Fomenta relaciones imparables, Por lo general, las personas pueden vincular sus éxitos y sus fracasos con las relaciones de su vida. Para fomentar relaciones hermosas, productivas y duraderas que mejoren tu vida tienes que dejar de enfocarte en el «yo» para enfocarte en el «nosotros». La capacidad de relacionarse es clave para el éxito personal y profesional. **Cuando te llevas bien con las personas, eres imparable.**

/ /

«Lo que marca un gran paso en tu crecimiento es darte cuenta de que los demás pueden ayudarte a hacer un trabajo mejor del que podrías hacer solo».

—Andrew Carnegie

Valora siempre a las personas. No puedes fomentar buenas relaciones si no valoras a las personas y te preocupas por ellas. Si no te agradan, no los respetas y no crees que son valiosos, pondrás una barrera entre los demás y tú. No puedes menospreciar a las personas en secreto y, a su vez, hacerlas crecer. **La forma en que valoras a las personas siempre se ve.**

«Todos los días, valora a las personas de manera intencional, cree en ellas y ámalas de forma incondicional».

—Melvin Maxwell

Fomentar relaciones imparables hace una enorme diferencia. Tus interacciones con los demás irán a un nuevo nivel cuando entiendas lo mucho que necesitas a las personas correctas en tu vida. Las personas te ayudarán cuando aceptes decir: «Te necesito». No se puede alcanzar el éxito en solitario; debes tener la ayuda de alguien más.

/ /

Pide ayuda y no pienses que te dirán que no. Las personas quieren ayudar a alguien que no pueda lograr nada sin ellos.

Todos desean tener a alguien que los ame, que crea en ellos y que esté con ellos. Elije pensar lo mejor de todos. Esto siempre es lo correcto, aun cuando no siempre tengas razón.

Intenta ver a las personas como podrían ser, no necesariamente como son. Cuando crees lo mejor de las personas, no sientes la necesidad de corregirlas ni de intentar repararlas. En su lugar, puedes validarlas y alentarlas.

/ /

«Siempre prefiero creer lo mejor de todos; me ahorra muchos problemas».

—Atribuida a Rudyard Kipling

Cuando sientas la tentación de corregir a los demás, es importante que recuerdes que tú tampoco eres una persona perfecta. Si quieres corregir a alguien, ¡comienza por ti! Además, las personas serán más propensas a cambiar cuando tú creas en ellas que cuando intentes corregirlas o cambiarlas.

La forma en que ves a los demás es tu decisión.

Da más de lo que recibes. Para edificar buenas relaciones es necesario querer más *para* las personas que *de* las personas. **Cuando quieres lo mejor para otros y das más de lo que recibes, te conviertes en un beneficio para sus vidas.** Cuando recibes más de ellas, te conviertes en un detrimento. Esa es la matemática simple de las relaciones.

/ /

Nunca des por sentado que eres un aporte positivo en una relación a menos que des de forma deliberada.

Da el primer paso. No esperes que las personas vengan a ti. Da el primer paso y acércate antes. Sé intencional y muestra iniciativa para avanzar hacia la relación que deseas. Una vez que alguien es parte de tu vida, sigue poniéndote a su disposición. Hazle saber lo que significa para ti. A veces, ni siquiera es necesario que digas una palabra, solo estar ahí es suficiente

/ /

«Muchas veces subestimamos el poder de un toque, una sonrisa, una palabra amable, un oído dispuesto, un cumplido sincero o el acto de cariño más pequeño; todo eso que tiene el poder de cambiar una vida».

—Leo Buscaglia

Gana esas relaciones difíciles. Seamos honestos, no todos son fáciles de tratar. Con todo, tu principal objetivo debe ser tratar a los demás mejor de lo que ellos te traten a ti, valorarlos más de lo que esperan o de lo que merecen. **No es fácil, pero es posible.**

/ /

«En lo profundo de cada corazón hay misericordia y generosidad».

—Nelson Mandela

Ayudar a las personas siempre vale la pena. Si valoras a la gente, te involucras en su mundo, trabajas para añadirles valor y construyes una amistad, tu vida será mejor. Así, aumentarás tu potencial y tendrás más posibilidades de tener éxito.

/ /

«Ámense unos a otros y serán felices. Es tan simple y difícil como eso».

—Michael Leunig

Logra resultados imparables. Solo alcanzarás tu potencial y tendrás éxito si logras resultados. Esto ya lo sabes. Sin embargo, ¿crees que tienes la capacidad de lograr resultados grandes? ¿Resultados imparables? Los resultados no dependen de la capacidad natural. No necesitas tener mucha inteligencia, talento, riquezas, experiencia, educación, ni suerte. **¡Solo necesitas la voluntad de trabajar por ello!**

/ /

Todo lo que vale la pena en la vida, todo lo que quieres, lo que deseas alcanzar y lo que quieres recibir, se consigue cuesta arriba. Prepárate para escalar.

Todo lo que vale la pena es cuesta arriba. Para avanzar cuesta arriba se necesita intencionalidad, energía, determinación, esfuerzo y consistencia.

/ /

«La tragedia de la vida no suele ser nuestro fracaso, sino nuestra complacencia; no es lo mucho que hacemos, sino lo poco; no es vivir por encima de nuestras posibilidades, sino por debajo de nuestras capacidades».

—Benjamin E. Mays

Tu desafío es transformar lo que has hecho en lo que eres capaz de hacer. Puede que eso te resulte intimidante. Si sientes que tu vida va cuesta abajo en vez de ir hacia los resultados y las recompensas que deseas, cambia tu forma de trabajar. **Adopta las prácticas y los hábitos de una vida cuesta arriba para aumentar tu capacidad.**

«Comienza con el final en mente».

—Stephen R. Covey

Comienza a trabajar antes de tener todas las respuestas. Si esperas a tener todas las respuestas para comenzar a trabajar, nunca empezarás. Sí, necesitas tener una visión para lo que intentas hacer, pero también debes tener la intención de actuar a pesar de la incertidumbre. Las personas imparables prefieren la acción, por eso son tan consistentes para obtener resultados.

/ /

«Un viaje de mil millas comienza con un paso».

—Lao Tzu

Disponte a dar un paso hacia adelante.

Que sea un paso pequeño. Es humano querer comenzar a intentarlo con un salto atrevido y seguro. ¿Quién no querría un comienzo a lo grande o un gran salto hacia adelante? Sin embargo, los grandes saltos en la vida son muy pocos.

/ /

Si te dispones a dar un paso pequeño, diez o cien, entonces puede que algún día tengas la oportunidad de dar un salto.

Prepárate para fracasar. Para lograr resultados, debes prepararte para *no* obtener resultados todas las veces que lo intentes. En otras palabras, debes prepararte para fracasar. Para ser alguien productivo, debes prepararte para fracasar y mucho.

/ /

El fracaso no es definitivo. Solo aprende de él. Deja que lo que no funcionó te enseñe lo que sí funciona.

Mantén el enfoque (1). ¿Qué tanto te esfuerzas por eso que intentas conseguir? ¿Cuánto tiempo le dedicas a algo para hacerlo funcionar? ¿Te mantienes firme durante mucho tiempo o te rindes con facilidad? **Si tienes el hábito de renunciar, es hora de terminar con él.** No lo hagas a medias.

/ /

No necesitas talento, inteligencia, recursos ni oportunidades para mantener el enfoque.
Lo único que necesitas es intencionalidad y perseverancia.

Mantén el enfoque (2). No intentes hacer dos, tres o cuatro cosas a la vez. Haz solo lo que debas lograr hoy para acercarte al resultado final y dedícate a eso hasta terminarlo.

La capacidad de enfocarse durante períodos largos de tiempo puede darle gran inercia a cualquier cosa que hagas, ya sea física o mental. Si estás aprendiendo a lanzar en béisbol y quieres lograr una buena curva, debes enfocarte en tu técnica, no solo lanzar la bola y ya. Si necesitas mejorar el proceso de fabricación de tu producto, enfocar tu pensamiento te ayudará a indagar más para desarrollar el mejor método. Si quieres resolver un problema matemático difícil, necesitarás enfocarte para encontrar la solución.

Cuanto mayor sea el desafío, más tiempo necesitarás enfocar tus pensamientos para vencerlo.

Sigue avanzando. Cuando te enfocas en lograr resultados, ¿cómo decides lo que deberías hacer? Para hacer más, no pienses en que las tareas están bien o mal, en que son buenas o malas. Solo hazte una pregunta: **¿Esta acción me hará avanzar hacia mi visión?**

/ /

La indecisión paraliza a las personas y les impide tener éxito.

Evalúa tus resultados y sigue avanzando. Si quieres seguir logrando resultados, necesitas seguir mejorando. Solo podrás hacerlo si evalúas tu trabajo y realizas ajustes de forma constante. No esperes hasta que algo se rompa para evaluarlo.

/ /

Evalúa rápido y realiza cualquier acción positiva. Si te hace avanzar, es una buena decisión.

Deja de hacer lo que no haces bien. Cuando apenas estás comenzando tu carrera profesional, tienes que hacer de todo. Tienes muy pocas opciones en cuanto a lo que tienes o no tienes que hacer. Sin embargo, la realidad es que tu productividad y tus resultados van a aumentar de forma radical si dejas de hacer lo que no haces bien y, en su lugar, te enfocas en lo que haces mejor.

/ /

Deja de intentar hacer lo que no puedes hacer. Comienza a hacer solo lo que haces mejor. Allí es donde verás los mejores resultados. Eso continuará llevándote cuesta arriba, hacia el lugar al que deseas ir.

A medida que te esfuerzas por alcanzar tu potencial y por tener éxito, llegarás a un punto en el que te enfrentarás con tus propios límites personales. **No te rindas. Tus limitaciones no tienen por qué limitarte. No has llegado al fin de tu crecimiento y éxito. No dejes de soñar.**

/ /

Mejor, aumenta tu capacidad para construir tu ***liderazgo****. Suma e involucra en lo que haces a otras personas con una mentalidad similar, multiplicarás tus propios esfuerzos y te volverás verdaderamente imparable.*

Encuentra a tu gente. ¿Cómo encuentras personas a las que puedas liderar para lograr todo lo que deseas hacer? **Deja de hablar y comienza a escuchar. La comunicación es el lenguaje del liderazgo y debe ser recíproco.**

«Descubrimos que el gran enemigo de la comunicación es la ilusión de que existe».

—William H. Whyte

Pregunta y escucha. No encuentrarás a tu gente solo dando órdenes. Cuando haces preguntas, les das valor a los demás. Comienzas a *verlos* de verdad. Te enfocas en ellos. Escucha de verdad. Si las preguntas abren la puerta, escuchar mantiene esa puerta abierta. Las preguntas inician una conversación, pero escuchar la anima a continuar. El liderazgo no se trata de ti.

Preguntar + Escuchar = Conversación de calidad

Conversación de calidad = Liderazgo de calidad

/ /

«Eres tan bueno como las personas que reclutas».

—Ray Kroc

La única forma de tener un liderazgo imparable es valorar a las personas de tu equipo y aumentar su valor de forma constante. Deja que las personas con las que trabajas sepan que te importan. **Cuando valoras a las personas, te interesarás en sus vidas de forma natural.** Invertirás en ellos y estarás a su disposición.

/ /

«Si un líder demuestra que es competente, que se preocupa genuinamente por los demás y que su carácter es admirable, la gente lo seguirá».

—T. Richard Chase

Ayuda a las personas a ver su potencial. Lo que más ayuda a las personas a triunfar es creer en sí mismas. El valor propio es fundamental para creer y crecer. Las personas que ven su propio valor invierten en ellas. Si las personas de tu equipo no creen en ellas, como su líder, ayúdalas a encontrar esa confianza.

«Los buenos líderes primero deben ser buenos siervos».

—Robert K. Greenleaf

Sé una persona auténtica. Una de las cosas más valiosas que puedes hacer para ser mejor líder es mantener tu autenticidad y transparencia con las personas que lideras. **Comparte tu historia. Muéstrate tal como eres.**

/ /

«Adoptamos la filosofía de no esconder nada a los empleados, ninguno de nuestros problemas».

—Rollin King

Muchos líderes piensan que necesitan proyectar una imagen perfecta para tener credibilidad en su liderazgo. Tu experiencia de lucha, crecimiento y superación, en realidad, aumenta tu credibilidad y tiene el poder de inspirar a otros para cambiar vidas. **Para ser alguien auténtico hay que ser valiente, pero los resultados hacen que valga la pena arriesgarse.**

Las personas respetan a los líderes que dicen la verdad, pero al mismo tiempo se mantienen firmes en la visión y guían al equipo hacia adelante.

/ /

«Una de las retribuciones más hermosas de la vida es que nadie puede intentar ayudar a otro de forma sincera sin ayudarse a sí mismo».

—Ralph Waldo Emerson

Conectate con las personas. Por naturaleza, liderar es crear cambios. Cuando lideras a otros, los invitas a cambiar su enfoque, su energía, sus habilidades y, a veces, hasta su rumbo en la vida. Les pides que se adapten por el bien del equipo y para cumplir con la visión. ¿Cómo puedes hacer que las personas confíen en ti lo suficiente como para hacer tantos cambios?

___

___

___

___

___

___

___

___

___

___

___

___

___

___

___

___

___

___

___

/ /

La confianza comienza con las buenas relaciones. Las buenas relaciones comienzan con buena conexión.

Inicia la conexión. Para iniciar una conexión, tienes que acercarte a los demás en vez de esperar que vengan a ti. Luego, encuentra cosas que tengan en común. Búscalas. Mantén tus ojos abiertos. Haz preguntas.

No fuerces ni apresures las cosas, pero explóralas, encuéntralas y conecta por medio de ellas.

Pídeles a las personas que se unan a ti después de haber establecido esa relación. El enfoque muchas veces estará en la visión, la agenda, el proyecto o la próxima tarea.

/ /

Todo eso es importante y necesitarás comunicarlo, pero si no te has conectado con las personas antes de pedirles su ayuda, pones en riesgo la visión.

Las personas estarán más dispuestas a escuchar lo que dices y a ver lo que ves si han conectado contigo. Por ese motivo, un buen líder siempre toca el corazón antes de pedir colaboración.

/ /

Si eres transparente con tus sentimientos acerca de la visión, tu gente te respetará. Si has conectado con ellos antes de pedirles ayuda, ellos te seguirán.

Pregunta: «¿podrías ayudarme». Seguir a alguien es una decisión voluntaria. Incluso las personas que trabajan para ti no tienen que trabajar *contigo*.

/ /

«No lideras dándoles golpes en la cabeza a las personas; eso es agresión, no liderazgo».

—Dwight D. Eisenhower

La mayoría responde bien si les pides ayuda. Todos prefieren una invitación a hacer algo antes que una orden y pocos dicen que no. Si la gente se niega, ya sabes dónde están parados. Si dicen que sí, tienes su apoyo, puedes medir su nivel de participación y compromiso. Si no cumplen, puedes hacerlos responsables.

Una vez hayan dicho que sí, debes responder dos preguntas: ¿Qué quieres que sepan? y ¿qué quieres que hagan?

/ /

«Liderazgo no es ejercer autoridad; es empoderar a las personas».

—Becky Bodin

Ayuda a tu gente a tener éxito. Como líder, tu tarea es ayudar a los miembros de tu equipo a tener éxito. Prepáralos para triunfar, elimina los obstáculos, entrénalos, enséñales, instrúyelos y, cada vez que ganen, celébralo.

/ /

«Solo cuando instruimos a otros es que podemos ser exitosos para siempre».

—Harvey S. Firestone

Las personas que lideras podrán mejorar solo si están dispuestas a cambiar. Nadie logra subir de nivel si permanece en el mismo lugar. El precio para crecer, es la disposición a cambiar. Ayuda a tu equipo a reconocer y aceptar ese precio. Ayúdalos invirtiendo en ellos y alentándolos a mejorar. Cuando se enfrenten a obstáculos o se desanimen, ponte a su lado, ayúdalos y anímalos.

/ /

Una victoria de un miembro del equipo es una victoria para el equipo y para ti.

SIGUE ASCENDIENDO

Mide tu éxito como líder teniendo en cuenta cuánto estás dispuesto a ayudar a los demás. Al final, la vida se trata de las personas. Nunca lo olvides. **Cuida a tu gente en lugar de cuidar tu carrera profesional.**

/ /

Si te dispones a trabajar para construir tu capacidad de liderazgo por el bien de los demás y para ayudarlos a valorarse, verás que tu vida te dará una enorme satisfacción.

En la aventura de alcanzar tu potencial, eres ciertamente imparable. ¿Por qué? Porque nunca puedes alcanzar tu potencial por completo. En cualquier área de tu vida en la que tengas potencial, siempre tienes la posibilidad de *aumentarlo*. No hay fin. No inventes límites que Dios y la naturaleza no han puesto. **Espero que ahora entiendas que es necesario que no tengas límites en tu vida.**

/ /

«No hay nada más común que el potencial desperdiciado».

—Howard Hendricks

Estas siete formas de aprovechar tu potencial solo son el comienzo. Continúa buscando a personas que sean importantes para tu identidad como individuo.

Mientras respires, tienes lugares a los que ir y formas de crecer. Siempre se puede mejorar, hacer más y marcar más la diferencia. Todo está dentro de tus posibilidades. Mi deseo y mi oración es que sigas extendiéndote hasta lograr algo que valga la pena... y que luego te extiendas aún más.

/ /

El éxito no es un lugar que alcanzar ni un destino al que puedas llegar. ***Él éxito es lo que eres si continúas esforzándote para alcanzar tu potencial y seguir creciendo. Sigue ascendiendo.***

Penguin Random House Grupo Editorial

Título original: *The Unstoppable You: 7 Ways to Tap Into Your Potential for Success*

Primera edición: noviembre de 2025
Esta edición es publicada bajo acuerdo con
Hachette Book Group, Inc., USA.

Publicado por ORIGEN®, marca registrada de
Penguin Random House Grupo Editorial USA, LLC.

Impreso en Colombia / *Printed in Colombia*

ISBN: 979-8-89098-378-7

25 26 27 28 29 10 9 8 7 6 5 4 3 2 1